초등학생을 위한 세계 위인 5

나이팅게일

글 다카하시 우라라 | 그림 아사히카와 히요리
감수 와즈미 요시코, 야마모토 토시에 | 번역 태오

나이팅게일과 관련 있는 장소

- 이 지도와 나라 이름은 현대를 기준으로 표기했습니다.

나이팅게일은 이탈리아 피렌체에서 태어나 영국에서 어린 시절을 보냈어요. 가족의 반대가 있었지만, 독일 카이저스베르트에서 간호사 훈련을 받고 런던의 병원에서 일했어요. 그러다 크림 전쟁이 일어나자 부상자들을 돌보기 위해 스쿠타리의 군 병원으로 갔어요.

※ 카이저스베르트는 현재 뒤셀도르프의 한 지역이에요.
※ 스쿠타리는 현재 튀르키예에 있는 위스퀴다르예요.

나이팅게일은 어떤 사람일까요?

멋지고 똑똑한 전략가!

나이팅게일은 아픈 병사들을 제대로 돌보기 위해 영국 여왕까지도 자신의 편으로 만들었어요.

엄청난 용기와 행동력!

나이팅게일은 아무리 위험한 전쟁터의 병원이라도 사람을 살릴 수 있다면 망설이지 않고 달려갔어요.

부유한 집안의 나이팅게일

풍요로운 생활을 보냈던 어린 시절

넓은 저택과 아름다운 정원, 멋진 드레스와 화려한 파티, 반짝이는 마차까지! 그녀의 일상은 언제나 풍요로운 것들로 가득했지요.

아름다운 자매, 파티에서도 인기 만점!

그런데 간호사가 되어, 전쟁터로 향하다!

간호사의 길을 선택하고 앞을 향해 나아가는 나이팅게일.

그때, 전쟁이 일어났어요!

생명을 구하기 위해 간호사들을 이끌고 전쟁터의 병원으로 향했어요.

나이팅게일이 살던 시절, 부유한 집안의 여성이 간호사가 되는 건 상상할 수 없었어요. 그때는 결혼해서 집안을 돌보는 것이 당연하다고 생각했지요. 하지만 나이팅게일은 가족의 반대를 무릅쓰고 간호사의 길을 가기로 결심했어요.

깜깜한 밤, 병사들의 상태를 살펴보는 나이팅게일.

"누구도 혼자 죽게 두지 않겠어요. 제가 곁에 있을게요."

왜 나이팅게일은 간호사의 길을 선택했을까요? 이야기를 읽으며, 그 답을 함께 찾아봐요!

나이팅게일의

나이팅게일의 가족

아버지(윌리엄)
공부를 좋아한 아버지는 나이팅게일과 언니에게 공부를 가르쳐 주었어요.

어머니(프랜시스)
화려한 것을 좋아하고, 언제나 나이팅게일을 걱정했어요.

언니(파세노프)
어머니를 닮아 사람들과 잘 어울리고 그림을 잘 그렸어요.

고모(메리)
간호사가 되고 싶어 하는 나이팅게일을 응원해 주었어요.

주변 사람들

나이팅게일에게 도움을 준 사람

빅토리아 여왕
영국 여왕으로서 나이팅게일을 믿고 지지해 주었어요.

리처드 몽크턴 밀네스
나이팅게일에게 청혼했지만, 나중에는 친구로서 그녀를 도왔어요.

시드니 허버트
정치가로서 나이팅게일에게 여러 가지 일을 맡겨요.

나이팅게일은 어떤 삶을 살았을까요? 그녀의 따뜻한 삶과 숨겨진 비밀을 알아가는 두근두근한 이야기를 지금 시작합니다.

차례

인물 소개 …… 2

1. 부유한 집안의 플로렌스 …… 12
2. 동물을 좋아한 어린 시절 …… 18
3. 조용한 아이 …… 24
4. 언니와 다른 성격 …… 33
5. 신의 목소리 …… 40
6. 사교계 데뷔 …… 46
7. 간호사가 되고 싶어! …… 54
8. 가족의 반대 …… 63
9. 내가 하고 싶은 일 …… 69
10. 간호의 첫걸음 …… 75
11. 새롭게 바꾼 병원 …… 80
12. 크림 전쟁의 시작 …… 87

13	스쿠타리 병원 ······ 92
14	밤낮없는 간호 ······ 100
15	여왕에게서 온 편지 ······ 106
16	램프를 든 천사 ······ 110
17	크림 열병의 악몽 ······ 116
18	그리운 고향으로 ······ 123
19	병원과 간호 이야기 ······ 131
20	간호사의 길을 열다 ······ 135

인물에 관하여 ······ 142

더욱더 알고 싶은 나이팅게일 신문 ······ 144

나이팅게일 연표 ······ 146

올바른 독서 방법 · 147   편지 쓰기 · 150
더 생각해 보기 · 148   독서 기록장 · 152

※ 이 책은 2018년 8월 기준의 정보를 바탕으로 하고 있지만, 내용에 따라서는 다른 의견도 존재함을 일러둡니다. 인물의 대사나 일부 에피소드는 역사적인 설정이나 사실에 기반하며, 삽화는 역사적인 사실에 충실하면서도 초등학생의 흥미를 돋울 수 있도록 친근하게 그렸습니다.

1 부유한 집안의 플로렌스

병원에 가면 우리를 따뜻하게 맞아 주고 다친 곳을 정성껏 치료해 주는 분이 있어요. 바로 간호사 선생님이에요. 간호는 아픈 사람이 잘 회복할 수 있도록 곁에서 돕는 일을 말해요.

오래전에 간호의 소중함을 세상에 처음으로

알린 사람이 있었어요. 그 주인공은 영국에서 태어난 플로렌스 나이팅게일이에요.

 1820년, 플로렌스는 부모님이 이탈리아의 도시 피렌체를 여행하던 중에 태어났어요.

 '플로렌스'라는 이름은 피렌체의 영어 이름을 따서 지은 거예요. 언니 파세노프는 나폴리의 옛 이름을 딴 것이지요.

 플로렌스는 태어난 지 얼마 되지 않아 부모님과 언니 파세노프와 함께 3년 동안 유럽 여러 나라를 여행한 뒤 영국으로 돌아왔어요.

 아버지는 가족을 위해 멋진 집을 짓기로 했어요.

 언덕 위에 지은 집에는 무려 15개의 침실이 있었고, 정원에는 예쁜 꽃들이 활짝 피어 있었어요.

 꽃들 사이로 나비가 날아다니고 햇살 받은 나무 잎사귀는 반짝반짝 빛났지요.

집 안에는 하인들과 요리사들이 늘 분주하게 일하고 있었어요. 가족은 그 덕분에 풍요롭고 여유로운 생활을 이어 갔어요.

아버지는 책을 읽거나 사냥을 하고 말을 타며 지냈고, 어머니는 뜨개질, 자수, 꽃꽂이, 편지 쓰기 같은 일들을 하며 시간을 보냈어요.

그러던 어느 겨울날, 저택 안이 너무 추워서 아직 어린 플로렌스와 언니는 감기에 걸리고 말았어요.

"이 집은 여름에는 좋지만 겨울은 너무 추워요."

어머니가 걱정스러운 얼굴로 말했어요.

"그래, 당신 말이 맞는 것 같아."

아버지는 더 따뜻한 남쪽 지역에 또 다른 집을 짓고, 그곳에서 겨울을 지내기로 했어요.

그 뒤로 가족은 시골의 두 저택과 런던을 오가며 생활했어요.

플로렌스와 언니는 부모님 대신 보모의 손에서 자랐어요. 그 당시 영국의 부잣집에서는 보모가 아이들을 돌보는 일이 흔했거든요.

보모는 두 아이를 정성껏 보살폈어요.

"아가씨들은 참 사랑스러워요. 분명 훌륭한 분으로 자랄 거예요."

그리고 예절도 하나하나 가르쳐 주었어요.

"수프를 먹을 땐 소리 나지 않게 조심해야 해요."

"의자에 앉을 땐 다리를 곱게 모으고 드레스 자락을 펼치면 아주 예쁘지요."

"너무 크게 웃으면 품위가 없어 보인답니다."

플로렌스와 언니는 귓속말로 속삭였어요.

"보모는 진짜 잔소리쟁이야!"

그 말을 들은 보모가 다정하게 웃으며 말했어요.

"두 분을 멋진 아가씨로 키우는 게 제 일이니까요."

　보모는 언제나 따뜻한 마음으로 두 아이를 살뜰하게 돌보았어요.
　그 따뜻함 속에서 자란 플로렌스는 남을 배려하는 마음을 조금씩 키워 나갔지요.

2 동물을 좋아한 어린 시절

푸른 잔디로 둘러싸인 정원에는 예쁜 꽃들이 피어 있었고, 정원 너머 우리에는 말, 돼지, 당나귀 같은 동물들이 살았어요.

어릴 때부터 동물을 좋아한 플로렌스는 아침 식사를 마치면 언니와 함께 정원으로 달려 나가 동물들을 살피고 인사를 건넸어요.

"말아, 오늘도 건강하구나. 털도 반짝반짝하고."

"돼지야, 배 많이 고팠지? 이제 밥 줄게."

"당나귀야, 오늘 기분은 어때?"

집에서는 개와 고양이도 여러 마리 키웠는데, 플로렌스는 귀여운 개들과 정원을 뛰어다니며 노는 것을 무척 좋아했어요.

"자, 나뭇가지를 던질 테니, 얼른 가져와."

플로렌스가 나뭇가지를 던지면 몸집이 작은 개들이 짧은 다리로 깡충깡충 뛰며 신나게 물고 왔어요. 그 모습은 마치 춤을 추는 것처럼 보였지요.

새끼 고양이가 '야옹' 하며 다가오면 등을 부드럽게 쓰다듬으며 다정하게 말했어요.

"잘했어, 착한 고양이야."

그러면 새끼 고양이는 만족한 듯 눈을 가늘게 뜨고 가만히 있었어요.

플로렌스는 정원을 이리저리 돌아다니며 새들에게 먹이를 주는 것도 좋아했어요.

"이리 와. 무서워하지 마."

처음에는 멀리서 바라보던 새들도 점점 가까이 다가오더니, 나중에는 플로렌스의 손에서 먹이를 받아먹게 되었어요.

숲이나 정원에서 죽은 새를 발견하면 작은 무덤을 만들어 주고 두 손을 모아 조용히 기도했어요.

"새야, 하늘나라에서는 아프지 말고 잘 지내렴."

플로렌스는 동물들과 함께 있는 것만으로도 마음이 편안했어요.

그 무렵에 플로렌스와 언니는 가정교사에게 글씨 쓰는 법을 배우기 시작했어요. 두 사람은 나란히 앉아 펜을 들고 조심조심 연습했지요.

"선생님, 펜 잡는 게 어려워요."

플로렌스가 힘겹게 글씨를 쓰며 말했어요.

"처음엔 조금 어렵지만 자꾸 쓰다 보면 금세 익숙해질 거야. 글자 크기를 일정하게 맞추는 것도 중요하고, 잉크가 튀지 않도록 조심해야 해."

선생님은 두 자매에게 친절하게 가르쳐 주었어요.

글씨를 쓸 수 있게 된 플로렌스는 정원의 꽃들을 하나하나 살펴보며 꽃의 모양과 색깔을 꼼꼼히 기록했어요.

"장미는 줄기에 가시가 많네. 또 꽃잎은 진한 분홍색과 빨간색, 하얀색… 정말 다양해."

그렇게 꽃을 관찰하며, 마치 도감을 쓰듯 세세하게 특징을 기록해 나갔어요.

편지 쓰는 것도 좋아했던 플로렌스는 종종 친척들에게 손 편지를 보내곤 했어요. 편지 안에는 그녀의 따뜻한 마음이 고스란히 담겨 있었지요.
　시간이 흘러 키가 훌쩍 자란 플로렌스는 말 타는 법도 금세 익혔어요. 어린 말을 타고 정원을 천천히 산책하기도 하고, 때로는 넓은 초원을 바람처럼 달리기도 했어요.
　"와, 높은 곳에서 보니까 세상이 다르게 보여!"
　플로렌스가 신나게 외치자, 그 모습을 지켜보던 보모가 걱정스러운 얼굴로 말했어요.
　"아가씨, 조심하세요! 떨어지면 큰일 나요!"
　"괜찮아요, 보모. 말 타는 건 정말 재미있어요!"
　그 당시 영국의 부유한 집안에서는 말을 타는 것이 아주 흔한 일이었어요. 기차가 막 운행되던 시기라 먼 곳을 가려면 마차나 말을 타야 했어요.

3 조용한 아이

　넓은 저택에는 친척들과 손님들이 자주 찾아왔어요. 언제나 사람들의 웃음과 이야기 소리로 활기가 넘쳤지요.
　어떤 날은 아기를 데리고 오는 손님도 있었어요.
　그럴 때마다 플로렌스와 언니는 얼른 달려가 아기의 얼굴을 들여다보며 말했어요.
　"어머, 너무 귀여워요!"
　"제가 안아 볼게요!"

플로렌스는 온종일 아기를 돌보는 것도 마다하지 않았어요.

기저귀 가는 것은 물론, 아기가 아플 때 어떻게 돌봐야 하는지까지 자연스럽게 익히게 되었지요.

우는 아기를 안고 달래다 까르르 웃는 모습을 보면 절로 미소가 지어졌어요.

"아기는 정말 천사 같아요."

아기를 돌보며 느낀 따뜻한 마음은 플로렌스가 어른이 되어서도 마음속에 오래도록 남아 있었어요.

그런데 또래 아이들과 어울리는 일은 쉽지 않았어요. 집에 놀러 온 친척 아이들이 바라보기만 해도 가슴이 콩닥콩닥 뛰었지요.

친척들이 집에 놀러 오는 날에는 플로렌스 혼자 방에 남아 이런저런 생각을 했어요.

'무슨 얘기를 해야 하지? 혹시 내 이야기를 무시하면? 그냥 이곳에 혼자 있고 싶은데…'

그럴 때마다 어머니는 조용히 말했어요.

"애야, 같이 놀아야지. 집 안을 안내해 주는 건 어떠니?"

하지만 플로렌스는 선뜻 나서지 못했어요.

'왜 나는 말을 걸려고만 해도 이렇게 답답할까? 대

체 무슨 말을 해야 하지? 혹시 이런 나를 싫어하면 어떡하지?'

마음속에서 질문이 꼬리에 꼬리를 물었고, 용기를 내어 겨우 입을 열었지만 목소리는 작고 떨렸어요.

"저기… 같이 놀래?"

상대 아이가 아무 말 없이 플로렌스를 바라보기만 해도 자신감은 금세 사라졌어요.

'역시 나는 안 돼. 모두와 즐겁게 지내는 건 나에게는 어려운 일이야.'

플로렌스는 언니나 다른 아이들과 조금 달랐어요. 언제나 조용히 생각에 잠겨 있었고, 말수도 많지 않았어요. 반면에 언니는 밝고 활달해서 누구와도 금세 친해졌지요.

그런 언니를 보며 부럽다는 생각도 들었지만 용기가 부족해 먼저 다가가기가 쉽지 않았어요.

그래서 사람들 앞에 나서는 일이나 주목받는 일이 점점 싫어졌어요.
 식사 시간에는 나이프와 포크를 예의 바르게 써야 했기 때문에 자리에 앉아 있는 내내 긴장했어요.
 '혹시 실수하면 어쩌지…?'
 무심코 포크가 접시에 부딪혀 '찰칵!' 소리가 나면, 모두가 그녀를 바라보았어요.

심장이 멎을 것처럼 당황한 플로렌스는 고개를 숙이고 조용히 있었지요.
　어느 날 플로렌스가 낮은 목소리로 말했어요.
　"어머니, 저는 2층 방에서 혼자 식사할게요. 식당에서 함께 먹는 건 힘들어요."
　"어머, 그게 무슨 말이니? 다 같이 모여 식사하는 게 얼마나 즐거운 일인데, 그렇지 않니?"
　"그래도 싫어요. 저는 혼자 먹고 싶어요!"
　플로렌스는 서둘러 2층으로 올라가 버렸고, 어머니는 한숨을 쉬며 그 뒷모습을 바라보았어요.
　"저 아이는 왜 저렇게 걱정이 많을까요?"
　그럴 때마다 아버지는 다정하게 웃으며 말했어요.
　"저 애는 파세노프와 달리 수줍음이 많지만 어떤 일이든 열심히 노력하지."
　그 무렵부터 본격적인 교육이 시작되었어요.

"슬슬 훌륭한 가정교사를 붙여야겠군."

아버지는 새로운 선생님을 찾기 시작했지만 마음에 드는 사람이 나타나지 않았어요.

결국 플로렌스가 열두 살이 되었을 때 아버지가 직접 두 딸을 가르치기로 했어요.

그날부터 세 사람의 공부가 시작되었고, 아버지는 무척 엄격한 선생님이었지요.

영어는 물론이고 프랑스어, 독일어, 라틴어, 그리스어 같은 외국어도 배웠어요.

"이 프랑스어 문장은 무슨 뜻일까? 먼저 파세노프

부터 대답해 보렴."

질문을 받은 언니는 식은땀을 흘리며 말했어요.

"학자가 쓴 글 같은데요… 너무 어려운 단어가 많아서 잘 모르겠어요."

"그럼, 플로렌스는?"

"아마 이런 뜻일 거예요. '우리는 인간이다…'"

"맞아! 훌륭한 해석이야."

아버지는 외국어뿐 아니라 역사와 철학도 가르쳐 주었어요.

매일 긴 시간 수업이 계속됐어요. 플로렌스와 파세노프는 수업 내용을 따라가느라 몹시 힘들었어요.

"외울 게 너무 많아서 머리가 터질 것 같아요."

참을성 많은 플로렌스와 달리 언니는 가끔 이렇게 투덜대기도 했어요.

그 시절에는 여자아이들이 깊이 있는 공부를 하는

일이 드물었어요. 하지만 아버지는 두 딸에게 아들 못지않은 최고의 교육을 해 주고 싶었어요.

플로렌스는 그런 아버지의 기대에 보답하듯 매일 꾸준히 공부하며 조금씩 성장해 갔지요.

이처럼 어릴 때부터 차근차근 지식을 쌓은 그녀는 훗날 세계를 무대로 활약할 수 있는 밑바탕을 다졌어요.

4 언니와 다른 성격

플로렌스와 언니 파세노프는 자매였지만 성격은 아주 달랐어요.

조용하고 꼼꼼한 플로렌스는 혼자 책을 읽으며 생각에 잠기는 걸 좋아했고, 활발한 성격의 파세노프는 여기저기 뛰어다니며 노는 일이 더 많았지요.

공부할 때도 두 사람의 차이는 뚜렷했어요.

플로렌스는 아무도 시키지 않아도 스스로 공부했어요. 예습과 복습을 꼼꼼히 해 두는 것이 습관처럼 몸에 배었어요.

"공부를 미리 해 두지 않으면 마음이 불안해요."

그렇게 말한 플로렌스는 방 한쪽에 조용히 앉아 책장을 넘겼어요.

플로렌스는 아버지의 질문에 언제나 빠르고 정확하게 대답했어요. 하지만 파세노프는 공부를 시작한 지 얼마 지나지 않아 몸을 배배 꼬며 말했지요.

"아빠, 너무 피곤해요!"

그러고는 곧장 어머니에게 달려가 안겼어요.

어머니는 그런 파세노프를 나무라지 않고 머리를 쓰다듬으며 다정히 말했어요.

"매일 공부하느라 많이 힘들지?"

두 사람의 차이는 생활 습관에서도 드러났어요.

플로렌스는 물건을 제자리에 두는 걸 좋아했지만, 파세노프는 자주 물건을 어질러 놓곤 했지요.

"언니, 서랍 좀 정리해. 너무 지저분해서 내 물건까지 없어질 것 같아."

플로렌스가 조용히 나무라면 언니는 멋쩍은 웃음을 지으며 대답했어요.

"그 정도로 없어지진 않아. 괜찮아."

비록 두 사람은 성격은 달랐지만 누군가를 위해 마음을 모을 줄 알았어요.

하루는 플로렌스가 언니에게 말했어요.

"언니, 베시에게 글자를 가르쳐 주자!"

"좋아! 분명 기뻐할 거야!"

베시는 저택에서 일하는 하녀였어요.

그 시절에는 글을 읽고 쓸 수 있는 사람이 많지 않았어요. 특히 하인들은 교육을 제대로 받기 어려웠지요.

베시는 종종 두 사람에게 물어보곤 했어요.

"아가씨들, 이 글자는 어떻게 읽나요?"

그때마다 플로렌스와 파세노프는 생각했어요.

'베시가 글자를 읽을 수 있다면 더 편해질 거야.'

그래서 두 사람은 베시에게 글자를 가르치기로 했어요.

처음에는 두 사람 모두 아침에 일찍 일어나 베시에게 글자를 가르쳤지만, 시간이 지날수록 그 모습이 조금씩 달라졌어요.

플로렌스는 여느 때처럼 일찍 일어나 옷을 입고 책을 준비했지만, 파세노프는 이불을 뒤집어쓴 채 침대에서 꿈쩍도 하지 않았어요.

또 다른 날에는 책을 읽으며 말했어요.

"책이 너무 재미있어서… 조금만 더 읽고 갈게."

맑은 날에는 창밖을 내다보며 환하게 말했어요.

"오늘은 날씨가 너무 좋아! 밖에 나가서 놀까?"

그러고는 바람처럼 저택을 빠져나갔어요.

결국 베시에게 글자를 가르치는 일은 플로렌스 혼자서 하게 되었어요. 그래도 플로렌스는 힘들다고 말하지 않았어요.

매일 아침 베시의 손을 잡고 한 글자 한 글자 정성스럽게 알려 주었지요.

그 모습을 지켜보던 어머니가 조용히 말했어요.

"너희 둘은 서로 도우며 사이좋게 지내야 해."

두 사람은 함께 무언가를 해 보려고 노력했지만, 성격이 너무 달라서 마음을 맞추는 일이 생각보다 쉽지 않았어요.

가끔은 다투기도 하고 서로의 마음을 몰라 서운한 날도 있었지요. 그럴 때마다 아버지의 따뜻한 말을 떠올렸어요.

"다름은 틀림이 아니란다. 서로 다르기 때문에 더

많은 걸 나눌 수 있지."

 플로렌스와 파세노프는 그 말을 마음에 새기며 조금씩 서로를 이해하려고 노력했어요.

 그렇게 두 사람은 서로의 다름을 받아들이며 자매로서의 우정을 천천히 쌓아 갔지요.

5 신의 목소리

그 후 플로렌스는 쑥쑥 자라 키가 크고 날씬한 열여섯 살 소녀가 되었어요.

갈색 머리카락은 햇빛에 반짝이고, 회색 눈은 조용한 호수처럼 은은하고 깊게 빛났지요.

우아하게 자란 플로렌스는

여느 소녀들과 달리 멋을 부리기보다 공부에 더 관심을 가졌어요.
　언니는 그런 동생을 보며 걱정스레 말했어요.
　"너무 단조로운 색만 입지 말고 좀 더 화려한 드레스를 입어 봐. 빨간 드레스는 어때?"
　언니 말대로 빨간 드레스를 입었지만 마음에 썩 내키지는 않았어요.
　플로렌스는 어릴 때부터 마음속으로 이런 생각을 품고 있었어요.

'왠지 내가 꼭 해야 할 일이 있는 것 같아.'

그러던 어느 날 그녀는 마음 깊은 곳에서 뚜렷한 울림을 느꼈어요.

'신이 내게 해야 할 일이 있다고 말하는 것 같아. 그건 아마… 내가 해야만 하는 일이 아닐까?'

그 일이 정확히 무엇인지 알 수 없었지만 마음 깊은 곳에 늘 남아 있었어요.

플로렌스는 지금 당장 무언가를 결정하기보다 아버지와 함께 공부를 계속하기로 했어요. 그러면서 마을에 사는 가난한 사람들을 찾아가 자신이 지금 할 수 있는 일을 하나씩 해 보기로 마음먹었지요.

그녀는 아픈 사람의 집에 따뜻한 수프를 가져다주고, 어려움을 겪는 이웃에게 살며시 돈을 건네주었어요.

그러나 어머니는 플로렌스가 부잣집 아가씨답게

지내기를 바랐지요.

꽃꽂이를 하거나 자수를 놓으며 손님을 반갑게 맞이하고 정성껏 대접하는 것이 플로렌스가 해야 할 일이라 생각했어요.

"얘야, 공부도 좋고 사람을 돕는 것도 기특하다만, 손님이 오면 웃는 얼굴로 인사해야 한단다."

"네, 어머니…"

플로렌스는 고개를 끄덕이며 어색한 미소를 지었어요.

언니는 어머니와 함께 대화를 나누며 즐겁게 시간을 보냈지만, 그녀는 아버지와 함께 공부하는 시간이 가장 편안했어요.

배움이 깊어질수록 플로렌스는 스스로에게 질문을 던졌어요.

'내가 진심으로 소중하게 여기는 일은 뭘까? 어떻

게 해야 진짜 보람 있는 일을 할 수 있을까?'

그 시절에는 여자가 집 밖에서 일한다는 것 자체가 '가난해서 어쩔 수 없이 하는 일'로 여겨졌어요.

부잣집 아가씨는 하녀들에게 일을 맡기고 집안을 돌보며 사는 것이 당연하다고 생각했지요.

'혹시 내가 너무 엉뚱한 생각을 하는 걸까?'

아직 어렸던 플로렌스는 그런 생각을 가슴속에 품으며 힘든 나날을 보냈어요.

6 사교계 데뷔

1837년, 플로렌스가 열일곱 살이 되던 해에 가족은 다시 긴 유럽 여행을 떠났어요.

이번 여행은 단순한 휴양이 아니라, 어른이 되어 가는 두 딸에게 세상을 보여 주려는 아버지의 깊은 뜻이 담겨 있었지요.

가족은 배와 마차를 타고 프랑스, 이탈리아, 스위스 등 여러 나라를 천천히 돌아다녔어요.

푸른 들판 너머로 펼쳐진 마을과 오래된 돌담, 하

늘을 찌를 듯 솟은 교회 첨탑들. 그 모든 풍경은 낯설고도 아름다웠어요.

플로렌스는 마차 창가에 앉아 조용히 밖을 바라보았어요. 가슴속에 맺혀 있던 생각들이 바람을 타고 조금씩 풀려나가는 듯했지요.

그녀는 하루 동안 본 풍경과 느낀 감정을 매일 글로 남겼어요.

"와, 저 교회의 스테인드글라스가 정말 아름다워."
"역시 프랑스 요리는 최고야!"

도시마다 들른 마을에서는 박물관과 미술관을 구경하고, 오페라를 감상하거나 무도회에서 춤을 추기도 했어요. 그림, 피아노, 노래 같은 예술 수업도 빠짐없이 받았지요.

아버지는 도시마다 훌륭한 학자들과 만났고, 플로렌스는 그 곁에서 다양한 사람들과 대화할 기회를

얻었어요. 덕분에 여러 나라의 문화와 생각을 몸소 느낄 수 있었지요.

조용하고 내성적이었던 플로렌스에게도 작은 변화가 찾아왔어요. 사람들과 자연스럽게 이야기하게 되면서 점점 대화하는 시간들이 즐거웠어요. 조금씩 웃는 일도 많아졌지요.

"그리스의 호메로스 시에는 이런 내용이 나오죠."

"어? 그리스어도 아세요?"

"네, 아버지께 배웠어요."

"그럼, 라틴어도 하시나요?"

"물론이죠. 옛날 책을 읽으려면 꼭 필요하거든요."

"정말 대단하시네요! 훌륭한 교육을 받으셨군요."

플로렌스는 낯선 사람 앞에서도 더 이상 주춤하지 않았고, 조용히 미소 짓던 입가에는 어느새 자연스러운 웃음이 번져 나갔어요.

사람들의 말투나 표정을 유심히 살피며 재치 있게 흉내 내 웃음을 자아내기도 했지요.

"저 남자분은 놀랄 때마다 눈을 동그랗게 뜨시네요. 이렇게요!"

사람들은 깔깔 웃으며 손뼉을 쳤고, 그녀는 처음으로 누군가의 따뜻한 마음을 느낄 수 있었어요.

그 모습을 본 어머니가 살며시 속삭였어요.

"다행이야. 저 아이도 드디어 웃게 되었어."

플로렌스는 파리에서 특별히 만든 하얀 드레스를 입었어요. 창문으로 햇살이 비치자 부드러운 실크가 은은하게 빛났지요.

거울 속 플로렌스는 지금까지와는 전혀 다른 조금은 어른스러운 모습이었어요.

그날 두 자매는 빅토리아 여왕 앞에 섰어요.

플로렌스는 가슴이 두근거렸지만 정중히 고개를

숙이고 또렷한 목소리로 인사했어요.

"여왕님, 만나 뵙게 되어 영광입니다."

여왕에게 인사가 끝나자 플로렌스가 들뜬 목소리로 속삭였어요.

"언니, 드디어 우리가 여왕님을 만났어."

"너는 어쩜 여왕님 앞에서도 그렇게 당당하게 말할 수 있니? 나는 가슴이 콩닥콩닥 뛰어서 혼났어."

이제 두 사람은 사교계에 데뷔한 '숙녀'로, 결혼할 상대를 만나게 되는 시기를 맞았어요.

부모님도 두 딸을 흐뭇하게 바라보며 말했지요.

"우리 아이들이 어떤 인연을 만나게 될까? 참 기대되는군."

"네, 제가 다 떨리네요. 부디 좋은 사람과 행복한 가정을 이루면 좋겠어요."

아버지는 여행 중에 사교 모임을 열 수 있도록 저

택을 다시 고치고 넓히는 일을 미리 마쳐 두었어요. 모든 것이 완벽하게 준비된 듯 보였지요.

 하지만 그 누구도 알지 못했어요.

 플로렌스의 마음이 이미 다른 길을 향해 조금씩 움직이고 있었다는 것을요.

7 간호사가 되고 싶어!

 런던에서 시골 저택으로 돌아온 뒤에도 손님들의 발길은 끊이지 않았어요.

 집 안에는 웃음소리와 이야기 소리가 가득 퍼졌고 날마다 파티와 모임이 이어졌지요.

 그 속에서 사촌 헨리는 늘 따뜻한 눈빛으로 플로렌스를 바라보았어요.

 "너는 정말 멋져. 나와 약혼해 주지 않겠니?"

 그러나 플로렌스의 마음은 이미 다른 곳을 향하고

있었어요.

　여행을 마치고 돌아온 뒤, 그녀 안에서는 설명할 수 없는 작은 물결이 일렁이기 시작했어요. 책장을 넘길 때마다 마음 한편에서 조용하지만 단단한 목소리가 들려오는 듯했어요.

　'정말 이렇게 지내도 되는 걸까? 내가 잘할 수 있고 더 의미 있는 일이 따로 있지 않을까?'

　플로렌스는 여전히 파티보다는 공부가 좋았고, 결혼보다는 책과 함께하는 시간이 더 편했어요.

　특히 수학을 좋아했지요.

　'수학은 정직해. 문제는 어렵지만 답이 딱 맞을 때 기분이 정말 좋아.'

　숫자들을 따라가다 보면 머릿속이 말끔히 정리되는 기분이 들었고, 그 안에서 세상의 질서를 배우는 느낌이었어요.

 그러던 어느 날 아버지의 여동생인 메리 고모가 집을 찾아왔어요.

 "수학을 좋아한다니, 내일 아침부터 함께 공부해 볼래?"

 "정말요? 좋아요, 고모!"

 그날부터 두 사람은 새벽마다 불을 켜고 책상에 마주 앉았어요.

 조용한 아침 공기 속에서 숫자들은 종이 위를 춤추듯 움직였지요.

 그 모습을 지켜보던 어

머니는 못마땅했어요.

"공부도 좋지만, 네 나이면 결혼을 먼저 생각해야 하지 않겠니?"

플로렌스는 대답하지 않았어요.

문제 하나를 풀 때마다 마음속이 환해지는 느낌이었고, 그 시간이야말로 자신답게 숨 쉴 수 있는 순간이었으니까요.

그렇게 몇 해가 흘러 계절이 몇 번 바뀌었어요.

1842년, 영국에는 흉작이 들어 많은 사람들이 굶주리고 병에 걸렸어요.

거리는 조용했고 벤치와 담벼락 아래에는 힘없이 앉아 있는 사람들이 늘어났지요.

플로렌스는 마을을 돌며 아픈 사람들을 돌보기 시작했어요. 따뜻한 죽을 나눠 주고, 약을 챙기고, 얇은 옷을 덮어 주며 조용히 말했어요.

"많이 힘드시죠? 조금이라도 편해지면 좋겠어요."

"고맙습니다, 아가씨…."

그날 이후 플로렌스는 가난하고 병든 이웃들의 삶에 대해 깊이 생각하게 되었어요.

'어떻게 해야 이분들의 삶이 나아질 수 있을까?'

그 질문은 마음속에서 점점 커졌고, 마침내 속 깊은 곳에서 목소리 하나가 또렷이 울려 퍼졌어요.

'신이 내게 맡긴 일이 바로 이 길일지도 몰라….'

그해 가을, 플로렌스는 독일에서 영국으로 건너온 분젠 남작의 저택을 방문했어요. 그는 지식과 경험이 풍부한 사람이었어요.

플로렌스가 용기 내어 조심스럽게 말을 꺼냈어요.

"요즘 마을에 아픈 분들이 많아요. 그분들을 위해 제가 할 수 있는 일이 있을까요?"

분젠 남작은 잠시 생각하더니 말했어요.

"독일에 '카이저스베르트 학원'이라는 곳이 있어요. 그곳에서 아픈 사람을 돌보는 훈련을 받을 수 있어요. 당신처럼 마음이 따뜻한 사람에게 딱 어울리는 곳이랍니다."

"정말 그런 학교가… 있어요?"

플로렌스의 가슴이 두근거리기 시작했어요.

"제가 자료를 보내 드릴게요."

"네, 꼭 부탁드려요."

그날 이후로 그곳에서 보낼 날들을 떠올리며 마음속에 작은 기대와 설렘으로 가득 찼어요.

분젠 남작에게 학원 이야기를 들은 뒤, 플로렌스는 그곳에서 보내게 될 날을 상상하며 가슴이 두근거렸어요.

'그 학교에서 공부할 수 있다면 얼마나 좋을까?'

플로렌스는 마을을 돌며 봉사를 계속했어요.

"약이랑 음식, 따뜻한 옷을 어려운 분들께 전해 드리고 싶어요."

어머니는 걱정스러운 얼굴로 대답했어요.

"너무 지나치게 마음을 쓰는 건 아니니?"

"지금 모두가 힘들어하고 있어요. 조금이라도 도와주고 싶어요."

"그래, 알았다. 너무 무리하지는 말거라."

그날부터 플로렌스는 아침부터 저녁까지 마을을 돌며 아픈 사람들을 도왔어요.

그녀의 손이 닿는 곳마다 따뜻한 온기가 퍼졌고, 그녀의 발걸음이 머문 자리에는 늘 작은 희망이 피어났지요.

그리고 1844년, 스물네 살이 된 플로렌스는 굳은 결심을 했어요.

'내가 가야 할 길은 간호야. 아픈 사람들을 돌보고

다시 힘을 줄 수 있는 사람이 되고 싶어!'

 그해 여름, 미국에서 온 하우 박사가 저택을 방문했어요. 그는 시각장애인을 위한 학교를 운영하는 의사였지요.

 플로렌스는 한참을 망설이다가 용기 내 물었어요.

 "박사님, 제가 병원에서 일하고 싶다면… 사람들이 이상하게 보겠지요?"

 하우 박사가 미소 지으며 말했어요.

 "많은 사람이 말리겠지만, 마음이 움직인다면 따라가야 해요."

 그 말은 마치 어둠 속에 켜진 작은 등불처럼 플로렌스의 마음 깊은 곳을 밝혀 주었어요.

 "감사해요, 선생님. 이제는 저도 제 마음을 따라가 보고 싶어요."

8 가족의 반대

플로렌스의 마음속에 사람들을 돕고 싶은 간절한 바람은 날이 갈수록 커져 갔어요. 하지만 그 꿈을 가족에게 털어놓을 용기가 나지 않았어요.

'일을 하고 싶다고 말하면… 게다가 간호사가 되고 싶다고 하면… 분명 모두 반대하겠지?'

그렇게 망설이던 어느 여름날, 집안에 안타까운 일이 생겼어요. 할머니께서 갑자기 쓰러졌어요.

"할머니, 괜찮으세요? 빨리 나으세요."

플로렌스는 밤낮으로 할머니 곁을 지키며 정성껏 간호했어요. 따뜻한 물수건으로 얼굴을 닦아 주고, 소화가 잘되는 음식으로 준비했지요.

며칠 뒤, 할머니는 점점 기운을 되찾기 시작했어요. 그리고 밝은 얼굴로 웃으며 말했어요.

"고맙다. 네 덕분에 다시 살아났구나."

그 말을 들은 플로렌스는 마음 깊이 따뜻한 무언가가 차오르는 걸 느꼈어요.

'내가 누군가를 도울 수 있다니, 정말 기뻐.'

그러던 어느 날 또 하나의 슬픔이 찾아왔어요.

어릴 적부터 자신을 돌봐 주던 보모가 병으로 쓰러진 거예요.

"걱정 마세요. 제가 곁에 있을게요."

"아가씨… 저는 이제 늙었어요. 곧 천국에서 날 데리러 올 거예요."

"그런 말씀 마세요. 분명 좋아질 거예요."

플로렌스는 작은 일 하나까지 정성스럽게 돌보았어요. 음식을 천천히 먹을 수 있게 도와주고, 이마의 땀을 닦으며 다정하게 말을 건넸지요.

그렇게 정성을 다했지만, 보모는 끝내 플로렌스의 손을 꼭 잡은 채 평온하게 눈을 감았어요.

"흑흑, 그동안 절 키워 주셔서 감사해요."

플로렌스가 눈물로 마지막 인사를 전하자 가족들이 그녀의 어깨를 감싸며 말했어요.

"보모도 행복했을 거야. 이렇게 따뜻하게 마지막을 지켜 줬으니까."

그 후에도 플로렌스는 마을을 다니며 가난하고 아픈 이웃들을 정성껏 돌보았어요.

'나는 아직 모르는 게 너무 많아. 간호에 대해 제대로 배울 수 있다면 얼마나 좋을까? 영국에도 카이저스베르트 같은 학원이 있으면 좋을 텐데…'

그리고 마침내 플로렌스는 어머니에게 말했어요.

그때 그녀는 스물다섯 살이었지요.

"어머니, 저… 솔즈베리에 있는 병원에서 간호 공부를 하고 싶어요."

어머니는 깜짝 놀라며 몸을 떨었어요.

"뭐라고? 네가 간호사가 되겠다고? 그건… 절대 허락할 수 없어!"

어머니가 반대하는 것도 무리는 아니었어요.

그 당시에는 부잣집 딸이 병원에서 간호 일을 하는 것은 드물었어요.

사람들은 병원을 가난한 사람들이나 가는 더럽고 위험한 곳이라고 생각했어요. 게다가 간호사들은 교

육도 제대로 받지 못해 환자를 돌보지 않거나 술을 마시는 일도 있었지요.

병원 안은 어두컴컴하고 지저분했고 병실에서는 고약한 냄새가 났어요.

어머니는 그런 병원에서 딸이 일하는 모습을 상상하는 것만으로도 불안했어요.

언니도 걱정스러운 표정으로 고개를 저었어요.

"간호사라니… 절대 안 돼! 우리가 어떤 집안인데!"

플로렌스는 아무 말 하지 않았지만, 이미 마음속 깊은 곳에 작은 불빛 하나가 뜨겁게 타오르고 있었어요.

9 내가 하고 싶은 일

'역시… 안 되는 일이었구나.'

간호사의 길을 허락받지 못한 플로렌스는 한동안 아무 일도 할 수 없었어요.

마음은 깊고 울창한 숲속에 갇힌 듯 어둡고 고요했지요. 책을 펼쳐도 글자가 눈에 들어오지 않았고 웃음도 점점 사라졌어요.

그런 나날이 2년 가까이 이어졌지요.

평소 플로렌스를 아끼던 허버트 부부가 찾아와 조

심스럽게 말을 꺼냈어요.

"우리와 함께 여행을 떠나지 않겠어요? 기분이 훨씬 나아질 거예요."

허버트는 어려운 이웃을 돕고 사회 문제에 깊은 관심을 가진 사람이었어요.

그리고 그 겨울에 플로렌스는 이탈리아로 여행을 떠났어요. 여행 중간중간 그들과 많은 대화를 나누었고, 오랫동안 간직했던 속마음을 이야기했어요.

"저… 사실은 간호 공부를 하고 싶어요. 하지만 부모님 반대가 심해서 시작조차 못 하고 있어요."

허버트는 고개를 끄덕이며 물었어요.

"그런데 어디서 공부할 생각이었어요?"

"독일에 있는 '카이저스베르트 학원'에서요. 예전에 분젠 남작이 소개해 주었는데, 그곳에서는 실제 간호 훈련도 받을 수 있다고 했어요."

허버트는 따뜻하게 웃으며 말했어요.

"정말 훌륭한 생각이에요. 도움이 필요하다면 제가 뭐든 도와줄게요."

이때부터 허버트는 플로렌스의 든든한 지원자가 되었어요.

플로렌스는 6개월간의 긴 여행을 마치고 영국으로 돌아왔어요. 그런데 또 하나의 문제가 생겼어요.

그녀를 오래도록 좋아해 온 리처드 몽크턴 밀네스가 정식으로 청혼한 거예요.

"저와 결혼해 주세요. 이제는 분명한 대답을 듣고 싶어요."

젊고 유능한 정치인인 리처드는 마음씨까지도 따뜻한 사람이었어요. 그와 함께 있으면 언제나 편안했고, 두 사람은 서로 잘 통하는 친구였지요.

'나도 리처드를 좋아해. 그와 결혼하면 분명 행복

할 거야. 하지만… 그걸로 정말 괜찮을까?'

플로렌스는 곧 깨달았어요. 자신이 리처드를 좋아하는 마음보다 간호사의 길을 향한 바람이 훨씬 더 크다는 것을요.

"미안해요, 리처드. 제가 꼭 해야 할 일이 있어요."

그는 잠시 말을 잇지 못하다가 쓸쓸하게 웃으며 고개를 끄덕였어요.

"그렇군요… 정말 안 되는 거군요."

플로렌스는 돌아서는 그의 뒷모습을 한참 동안 바라보았어요.

'리처드… 이런 나를 용서해 주세요.'

청혼을 거절했다는 소식은 곧 가족에게 전해졌고, 어머니와 언니는 크게 실망했어요.

"그렇게 좋은 사람을 거절하다니! 너 정말 후회하게 될 거야."

"행복해질 기회를 왜 스스로 놓치는 거니?"

그 시절에는 여성이 결혼해서 안정된 삶을 꾸리는 것을 당연하게 생각했어요. 하지만 플로렌스는 그런 기대에서 점점 멀어지고 있었지요.

어머니는 걱정스러운 눈빛으로 말했어요.

"플로렌스, 앞으로 어떻게 살아갈 생각이니? 정말 걱정이구나."

그녀는 마음속으로 조용히 속삭였어요.

'죄송해요, 어머니. 저는 결혼이 여자 삶의 전부라고 생각하지 않아요. 내가 할 수 있는 일을 찾아 내 힘으로 그 길을 만들어 가고 싶어요.'

10 간호의 첫걸음

"저는 어릴 때부터 무언가에 깊이 몰두하고 싶었어요. 그게 간호라는 걸 깨달았어요. 그렇다면 제가 이 길을 가야 하지 않을까요?"

플로렌스는 조심스럽게 마음속 이야기를 꺼내놓았어요. 하지만 어머니는 말없이 등을 돌렸어요.

가족의 허락을 오랫동안 기다려 온 플로렌스는 마침내 마음속 깊이 깨달았어요.

'아, 하고 싶은 일이 있으면 가만히 기다려선 안

돼. 누구보다 내가 먼저 움직여야 해. 목소리를 내지 않으면 아무것도 바뀌지 않아.'

그렇게 마음을 굳힌 플로렌스는 가족 앞에 서서 또렷하게 말했어요.

"저는 독일에 있는 카이저스베르트 학원에 가서 간호 훈련을 받겠어요!"

"아직도 그런 소리를 하다니…!"

어머니와 언니는 얼굴이 붉어지도록 화를 냈지만, 이번엔 플로렌스도 물러서지 않았어요.

1851년, 그녀는 길을 떠났어요. 간호사가 되기 위한 첫걸음을 누구의 허락도 아닌 자신의 결심으로 내디딘 거예요.

카이저스베르트 학원은 이른 새벽부터 바쁘게 움직였어요.

아침 5시에 일어나 병원으로 향했고, 몸이 아픈 사람들과 의지할 곳 없는 아이들을 돌보았지요. 때로는 수술실에도 직접 들어갔어요.

여기서는 선생님에게 배우기보다 실제로 어려움에 처한 사람들을 돌보며 몸으로 익혀야 했어요.

"이것이야말로 내가 진짜 하고 싶었던 일이야."

플로렌스의 마음속에 밝은 햇살이 퍼져나갔어요.

처음으로 '자신답다'고 느낀 날들이었지요.

그러나 3개월의 훈련을 마치고 집으로 돌아왔을 때 어머니와 언니는 차갑게 대했어요.

"병원 같은 데서 일하다니, 정말 참을 수 없어!"

플로렌스는 속상했어요.

'병원에서 일하는 게 왜 나쁜 일이지? 나는 사람들을 돕고 싶은 것뿐인데…'

그런 힘든 시기에 그녀의 편이 되어 준 사람은 메리 고모였어요.

"이제 플로렌스를 자유롭게 해 주는 게 어떨까요? 몇 년 후엔 독립시키는 것도 생각해 보셔야죠."

어머니는 잠시 말없이 앉아 있다가 천천히 고개를 끄덕였어요.

"그래요. 이제 그 애도 어른이니까요. 그렇게 간호사가 되고 싶다면… 더는 말리지 말아야겠네요."

플로렌스의 마음엔 조용한 바람이 불었어요.
이제는 누군가에게 기대지 않고 자신의 힘으로 간호사의 길을 걸어갈 수 있을 것 같았어요.

11 새롭게 바꾼 병원

플로렌스는 드디어 프랑스 병원에서 공부할 수 있게 되었어요.

1853년, 두근거리는 마음으로 파리에 도착한 그녀는 바로 꿈을 향해 나아갔지요.

"어떻게 해야 아픈 사람들을 가장 잘 도와줄 수 있을까? 병원은 어떤 방식으로 운영되어야 할까?"

플로렌스는 유럽 여러 나라의 병원에 설문지를 보내기 시작했어요. 병원의 시설, 위생, 식사, 운영 방식 등 하나하나 꼼꼼히 조사해 나갔지요.

그리고 불과 한 달 만에 엄청난 자료를 정리했어요. 이제 누구나 인정할 수밖에 없는 '진짜 병원 전문가'가 된 거예요.

그런데 파리 병원에서 일해 보기도 전에 할머니가 위독하다는 소식을 듣게 되었어요.

"뭐라고요…? 지금 영국으로 돌아가야겠어요. 할머니는 꼭 제가 간호해 드리고 싶어요."

플로렌스는 서둘러 귀국했고, 할머니 곁을 정성껏 지켰어요. 하지만 끝내 할머니는 하늘나라로 떠났어요.

그 슬픔 속에서 플로렌스는 한 가지 소

중한 사실을 깨달았어요.

 간호는 꼭 병원 안에서만 이루어지는 것이 아니라, 누군가의 마지막을 따뜻하게 지켜 주는 일 또한 진정한 간호라는 것을요.

 얼마 후 이탈리아에서 만났던 시드니 허버트의 부인에게서 편지 한 통이 도착했어요.

 "지금 런던에 있는 병원이 잘 운영되지 않아 걱정이에요. 혹시 그 병원을 맡아 다시 일으켜 주실 수 있을까요?"

 그 병원은 귀족들이 저택에서 일하던 여성들을 위해 만든 곳이었어요. 하지만 관리와 운영이 제대로 되지 않아 많은 문제가 있었어요.

 편지를 읽은 플로렌스의 눈빛이 반짝였어요.

 "네, 꼭 맡고 싶어요. 열심히 해 볼게요."

 그녀의 진심을 느낀 아버지도 허락해 주었어요.

"이건 네가 독립해서 나아갈 좋은 기회구나."

그리고 큰돈을 건네며 처음으로 플로렌스가 혼자 설 수 있도록 도와주었지요.

"감사해요, 아버지."

새 병원에 도착한 플로렌스는 곧바로 변화의 바람을 일으키기 시작했어요.

우선 간호사들이 물건을 쉽게 옮길 수 있게 작은 엘리베이터를 설치했어요. 이제 계단을 오르내릴 필

요 없이 환자 곁에 더 오래 머물 수 있게 되었어요.

침대 머리맡에는 간호사를 부를 수 있는 벨도 달았어요. 복도에서는 어디서 벨을 눌렀는지 알 수 있는 '너스콜'이 울려 퍼졌어요.

심지어 층마다 따뜻한 물이 나오게 했어요. 이제 환자들은 차가운 물 대신 따뜻한 물로 씻을 수 있게 되었어요.

플로렌스는 식사도 꼼꼼히 살폈어요.

직접 밀가루를 사서 빵과 비스킷을 굽고, 음식을 잘 넘기지 못하는 환자에게는 부드러운 식사를 준비했어요.

병원에서 쓰는 천도 새것으로 바꾸고, 약품과 생활용품은 대량으로 구매해 비용을 줄였어요.

하나하나 개선된 병원은 점점 더 깔끔하고 효율적인 공간으로 바뀌어 갔어요.

무엇보다 플로렌스는 환자 한 사람, 한 사람을 세심하게 살폈어요.

"저 환자분은 왜 식사를 자꾸 남기지? 음식이 너무 딱딱한 걸까? 더 부드럽게 바꿔야겠어."

언제나 환자에게 먼저 다가가고 필요한 것을 먼저 채워 주는 간호사. 그녀가 바로 플로렌스였어요.

"그분이 온 뒤로 병원이 정말 달라졌어!"

간호사들도, 환자들도 하나같이 감탄했어요.

플로렌스는 병원 복도를 분주히 오가며 조용히 웃음을 지었지요.

'이제야 내가 있어야 할 자리에 서게 된 기분이야.'

12 크림 전쟁의 시작

새 병원 일이 차츰 안정되어 가고 있을 무렵 세상을 뒤흔드는 큰 소식이 전해졌어요.

튀르키예와 러시아 사이에서 '크림 전쟁'*이 벌어졌고, 영국군이 프랑스군과 함께 튀르키예를 돕기 위해 참전했지요. 하지만 전쟁이 격해지면서 많은 병사가 다치거나 목숨을 잃고 말았어요.

전선 가까이 있는 병원에는 환자가 넘쳐났고, 의사와 간호사, 약과 붕대도 턱없이 부족했어요.

---

*크림 전쟁 : 1853년 제정 러시아가 흑해로 진출하기 위하여 튀르키예, 영국, 프랑스, 사르디니아 공국 연합군과 벌인 전쟁이에요. 1856년 러시아가 패배하였으며, 나이팅게일의 간호 활동으로 잘 알려져 있어요.

 신문에는 날마다 끔찍한 소식이 실렸어요.
 "영국군 병사들이 고통 속에서 죽어가고 있어요!"
 프랑스군 병원에는 교회 여성들이 간호사로 일하고 있었지만, 영국군에는 간호사가 단 한 명도 없었어요.
 이 소식을 들은 국민들은 분노했어요
 "도대체 정부는 뭘 하고 있는 거야?"
 "지금 당장 간호사를 보내야 해!"
 그때 정부의 장관이었던 시드니 허버트는 한 사람을 떠올렸어요. 런던 병원을 멋지게 바꾼 플로렌스 나이팅게일이었지요.

그는 서둘러 편지를 썼어요.

"전쟁터에 가 주십시오. 간호사들을 이끌고 병원을 다시 살려 주세요."

플로렌스 역시 신문을 읽으며 안타깝고 답답한 마음에 잠을 이룰 수 없었어요.

'간호사가 단 한 명도 없다니… 이대로 두면 안 돼. 내가 가야 해.'

얼마 지나지 않아, 플로렌스가 전쟁터로 간다는 소식이 공식적으로 발표되었어요.

이번만큼은 어머니와 언니도 반대하지 않았어요.

이건 한 사람의 선택이 아니라, 영국 전체가 주목하는 중대한 일이었기 때문이지요.

"네가 정말 자랑스럽구나."

"어머니, 그렇게 말씀해 주셔서 힘이 나요."

그러나 플로렌스에게는 또 다른 걱정이 있었어요.

'과연 누구와 함께 가야 할까?'

그 시대에는 제대로 간호 교육을 받은 사람이 거의 없었어요. 그녀는 지원자들을 한 사람씩 만나 봤지만, 대부분 돈을 목적으로 온 사람들이었지요.

결국 교회 여성들과 병원에서 함께 일했던 이들 가운데 믿을 수 있는 서른여덟 명을 뽑았어요.

"힘든 길이 될 거예요. 하지만 마음을 모아 끝까지 함께해 봅시다."

1854년 10월 21일, 플로렌스와 서른여덟 명의 간호사가 드디어 런던을 떠났어요.

배와 기차를 타고 밤낮없이 이동하며 전쟁터로 향했지요.

여행 중에도 플로렌스는 한시도 쉬지 않았어요. 간호사들의 건강을 챙기고 낯선 나라의 언어가 어려운 사람을 위해 통역도 해 주었지요.

그러나 그녀의 마음속엔 걱정이 떠나지 않았어요.

'전쟁터의 병원은 얼마나 열악할까? 음식과 약은 충분할까? 우리가 정말 도움이 될 수 있을까…?'

그녀는 프랑스 마르세유에 머무는 동안 자신의 돈으로 필요한 물품을 가득 준비했어요. 약, 붕대, 음식, 심지어 침구까지 꼼꼼히 챙겼지요.

그 물품들은 나중에 수많은 병사들의 생명을 구하는 데 아주 큰 도움이 되었어요.

13 스쿠타리 병원

1854년 11월 5일, 플로렌스와 간호사들은 튀르키예의 스쿠타리에 도착했어요. 그곳에는 전쟁에서 다친 영국군 병사들을 돌보는 군 병원이 있었지요.

바닷가에서 조금 떨어진 언덕 위에 네 개의 탑이 우뚝 솟은 큰 돌 건물이 있었어요. 그곳이 바로 그 병원이었어요.

가파른 언덕을 숨 가쁘게 올라 문을 열고 들어서는 순간, 간호사들의 눈앞에는 믿을 수 없는 광경이

펼쳐졌어요.

  지저분한 담요가 아무렇게나 쌓여 있고 2천 명이 넘는 병사들이 바닥에 다닥다닥 누워 있었지요.

  화장실은 제대로 치우지 않아 쥐와 벌레가 들락거렸고 공기 속에는 썩은 냄새가 진동했어요.

"정말 끔찍해요!"

  간호사들의 얼굴이 굳어졌어요.

크림반도에서는 전투가 계속되었고 다친 병사들이 쉴 새 없이 실려 왔어요.

그런데 병원에는 갈아입을 옷은 물론, 약이나 식사도 없었어요. 심지어 숟가락조차 없었지요.

병원에 필요한 물품이 부족한데도 군인들은 매일 술만 사 마시고 있었어요.

플로렌스는 병원에 있는 군인들에게 말했어요.

"여행 중에 유용할 것 같아서 약과 도구들을 사 왔어요. 사용해 주세요."

그런데 군인들은 고개를 돌렸어요.

"우리는 그런 물건 필요 없어요."

그들의 차가운 태도에 플로렌스는 당황했어요.

'군대에 여자가 있다니 말도 안 돼.'

'괜히 병사들이 불안해질 뿐이야.'

군대 안에서는 여자 간호사들이 방해만 될 뿐이라

고 생각하는 사람들이 많았어요.

　의사들 역시 냉담하게 말했지요.

　"당신들 도움은 필요 없어요. 이곳에는 군인도 많고, 일할 사람도 충분해요."

　그렇게 간호사들은 병원에 도착하고도 아무 일도 할 수 없었어요. 플로렌스는 조용히 삼각 붕대를 접는 일부터 시작했어요. 하지만 간호사들 사이에서는 불만이 터져 나왔어요.

"이런 모습을 보려고 여기까지 온 건가요?"
"정말 이런 대접을 받을 줄 몰랐어요."
그럼에도 플로렌스는 묵묵히 일에 집중했어요.
환자들은 계속 늘어났고 병원 안팎에는 점점 위기감이 감돌았어요. 게다가 이 병원에는 중병 환자들을 위한 식사조차 없었어요.

그 모습을 지켜본 플로렌스는 직접 조리실을 만들기로 했어요.
여행 중에 구매한 스토브와 재료로 환자들을 위한 따뜻한 죽을 끓였어요.
"드디어 우리도 환

자들을 도울 수 있어요!"

간호사들은 기뻐했지만, 플로렌스는 조용히 고개를 저었어요.

"잠깐만요. 환자에게 죽을 먹이기 전에 먼저 의사 선생님께 확인받아야 해요."

"네? 지금 바로 먹이면 안 되나요?"

"병원에서는 규칙을 지켜야 해요. 그래야 신뢰를 얻고, 앞으로 더 많은 일을 할 수 있어요."

플로렌스는 간호사들을 위한 규칙도 하나씩 만들었어요.

교회에서 온 여성들은 정해진 옷이 있었지만 다른 간호사들은 옷차림이 제각각이었지요.

그래서 유니폼과 모자를 준비하고 모두가 똑같이 입도록 했어요.

그러자 한 간호사가 불평했어요.

"이런 이상한 모자를 쓰라니, 정말 불편해요."

플로렌스는 차분히 설명했어요.

"이 옷은 우리가 병원에서 일하는 사람이라는 표시예요. 이 옷을 입으면 환자와 의사도 한눈에 알아볼 수 있어요. 그리고 누군가가 '왜 창고에서 물건을 가져가요?'라고 물으면, 이 유니폼 덕분에 괜한 의심을 받지 않아도 돼요."

그러나 간호사들 사이에서는 여전히 불만이 쌓여 갔어요.

"병원은 지저분하고, 규칙은 너무 많고… 도저히 못 있겠어!"

"그녀는 너무 깐깐해. 조금 느슨해도 될 텐데."

많은 사람을 이끌고 함께 움직이는 일은 결코 쉽지 않았어요. 불만이 생기기도 하고 서로 마음이 맞지 않을 때도 있었지요.

플로렌스는 마음속으로 조용히 다짐했어요.

'조금 천천히 가도 괜찮아. 지금은 규칙을 지키며 신뢰를 쌓는 게 무엇보다 중요해. 신뢰가 쌓이면 언젠가는 모두가 하나의 마음이 될 거야.'

14 밤낮없는 간호

 플로렌스가 스쿠타리에 도착했을 즈음, 전쟁터에서는 여전히 격렬한 전투가 벌어지고 있었어요.

 전선에서 다친 수백 명의 병사가 배에 실려 병원으로 끊임없이 옮겨졌지요.

 병원의 군인들과 의사들은 당황한 얼굴로 어쩔 줄 몰라 했어요.

 "이 사람들을 어디에 눕히지? 자리가 없잖아!"
 "빨리 수술해야 해! 도와줄 사람이 필요해!"

그동안 간호사는 필요 없다며 고개를 돌리던 이들도 마침내 손을 내밀었어요.

"제발 도와주세요… 부탁입니다."

플로렌스는 조용히 고개를 끄덕였어요.

"알겠어요. 자, 모두 어서 움직입시다."

간호사들은 소매를 걷어붙이고 환자들을 돌보는 일에 뛰어들었어요. 환자들을 안아 옮기고, 붕대를 감고, 아픈 병사들 곁을 지켰지요.

플로렌스도 수술실을 오가며 바쁘게 움직였어요.

때로는 병사들의 손을 꼭 잡고 말했어요.

"분명히 좋아질 거예요. 힘내세요."

환자 수는 점점 더 늘어났고 준비해 온 약과 붕대, 음식은 금세 바닥났어요.

군대에서 보내는 물자는 절차가 복잡해서 제때 도착하지 않았고, 크림반도를 지나던 배가 물건을 잃어버리는 일도 있었어요.

날씨는 갈수록 추워졌지만 병사들은 해지고 낡은 옷을 그대로 입은 채 추위를 견뎌야 했어요. 게다가 감염병은 병실 곳곳으로 빠르게 번졌고 총에 맞아 병원에 실려 온 병사 중 많은 이들이 결국 세상을 떠났어요.

의사들조차 고개를 떨구며 말했어요.

"우리는 할 수 있는 게 없어요…."

하지만 플로렌스는 물러서지 않았어요.

직접 시장을 돌아다니며 필요한 물건들을 사 모았고, 영국에서 보내온 기부금과 자신의 돈을 아낌없이 사용했어요.

그제야 병원 사람들은 입을 모아 말했어요.

"무언가 필요하면 나이팅게일에게 부탁하자!"

플로렌스는 청소가 제대로 되지 않았다는 것을 알아차리고 직접 바닥을 닦고 벽을 훔쳤어요.

군인들에게는 걸레와 빗자루를 건네주고 병실을 깨끗이 하게 했지요.

간호사들에겐 환자들의 옷을 빨게 했어요.

"이 옷 속에 병을 키우는 나쁜 세균이 숨어 있어요. 꼭 깨끗하게 빨아야 해요."

그때 또 하나의 급한 소식이 전해졌어요.

"500명의 병사가 더 오고 있답니다!"

이미 병원은 환자들로 가득 차 있었어요.

"이젠 정말 안 돼요. 더 받을 수 없어요…"

하지만 플로렌스는 단호하게 말했어요.

"그래도 방법을 찾아야 해요. 이대로 포기할 수는 없어요."

그녀는 병원 구석구석을 살피며 낡고 버려진 공간들을 발견했어요.

망가진 벽을 고치고 깨진 창문을 막았지요.

그 덕분에 더럽고 낡은 배에 실려 온 500명의 병사도 깨끗한 침대에 누워 따뜻한 식사를 할 수 있었어요.

병사들은 눈물을 흘리며 이렇게 말했어요.

"이곳은… 마치 천국 같아."

15 여왕에게서 온 편지

 영국의 빅토리아 여왕은 전쟁 소식을 들을 때마다 마음이 무거웠어요. 다친 병사들이 어떻게 지내는지, 병원은 어떤지 너무 궁금했지요.
 그래서 시드니 허버트 장관에게 부탁했어요.
 "나이팅게일에게서 편지가 오면 저도 꼭 볼 수 있게 해 주세요."
 허버트 장관은 그 뜻에 따라 플로렌스가 보낸 편지를 여왕에게 전했어요.

그 편지 안에는 다친 병사들의 고통스러운 현실과 그들을 살리기 위해 하루도 쉬지 않고 애쓰는 간호사들의 이야기가 담겨 있었어요.

편지를 읽은 여왕은 한동안 말이 없었어요.

'이대로 두면 안 되겠어…'

여왕은 플로렌스에게 직접 편지를 썼어요.

"제가 도울 일이 있다면 무엇이든 말해 주세요."

플로렌스는 곧장 답장을 보냈어요. 그 편지에는 병사들의 아픔을 덜어 주고 싶은 간절한 마음이 담겨 있었어요.

"여왕님, 병에 걸린 병사들의 급여가 너무 적어요. 다친 병사보다 훨씬 적은 돈을 받고 있어요. 아파서 힘든 데다 돈 걱정까지 하며 눈물을 흘리는 모습을 보면… 가슴이 아파요."

그 당시 영국에는 전쟁터에서 병에 걸린 병사들의

급여를 줄이는 제도가 있었어요.

편지를 읽은 여왕은 조용히 생각에 잠겼어요.

"나이팅게일의 말이 맞아요. 그 제도를 바꾸도록 하세요."

여왕의 말 한마디로 오래된 제도가 바뀌었어요.

이제 병에 걸린 병사들도 정당한 급여를 받을 수 있게 된 거예요.

그 소식을 들은 병사들이 환호하며 말했어요.

"정말 고마워요! 여왕님은 참 따뜻한 분이야."

"아니야, 이건… 나이팅게일 덕분이야!"

그날 이후 사람들은 플로렌스를 '희망의 전령'이라고 불렀어요. 병사들의 마음을 대신 전해 주고 진심으로 나라를 움직인 사람이었으니까요.

그리고 정부에서는 '위생위원회'를 스쿠타리 병원으로 보냈어요.

병원의 수도 시설과 하수구를 깨끗이 고치고 물이 잘 흐르도록 했어요.

병원 안은 눈에 띄게 깨끗해졌고 감염병으로 목숨을 잃는 병사들도 점점 줄어들었어요.

플로렌스는 조용히 병실을 돌며 생각했어요.

'한 사람의 목소리로도 세상을 바꿀 수 있어… 포기하지 않길 잘했어.'

16 램프를 든 천사

플로렌스는 아침 일찍부터 밤늦게까지 한순간도 쉬지 않고 일했어요.

특히 병사들이 많이 실려 온 날에는 하루 종일 서서 간호사들에게 해야 할 일을 차근차근 나누어 주었지요.

"당신은 식사를 준비해 주세요."

"당신은 창고에서 깨끗한 시트를 가져와 주세요."

"부상자에게 붕대를 감아 주세요."

어느 날은 무릎을 꿇고 8시간 동안 붕대를 감은 적도 있었어요.

깜깜한 밤에는 조용히 램프를 들고 병실을 돌았어요. 불이 꺼진 어둠 속에서 그녀의 불빛만이 병원 복도를 비추었지요.

"저기… 나이팅게일 님이 오셨어!"

"램프 불빛만 봐도 마음이 따뜻해져."

병사들은 희미한 발소리를 듣고 속삭였어요.

플로렌스는 아픈 병사 곁에 조용히 앉아 손을 꼭 잡아 주었어요.
병이 옮을지 모른다는 두려움보다 아픈 병사의 곁을 지켜 주는 일이 훨씬 중요했어요.

그녀는 마음속으로 다짐했어요.

'이 손을 절대 놓지 않겠어요. 어떤 순간에도 함께할 거예요.'

죽음이 가까운 병사의 눈을 바라보며 물었어요.

"고향이 어딘가요? 가족은요?"

"런던에… 어머니가 계세요. 어머니께… 제가 많이 사랑한다고… 꼭 전해 주세요…."

플로렌스는 눈물을 삼키며 고개를 끄덕였어요.

"반드시 전해 드릴게요. 꼭이요."

병사가 세상을 떠난 뒤, 그녀는 그의 마지막 말을 편지에 정성껏 담아 가족에게 보냈어요.

그 편지를 받은 어머니는 끝내 눈물을 흘렸지요.

"우리 아이가 혼자 떠난 게 아니었구나…. 나이팅게일… 그분은 정말 대단한 분이야."

그녀의 진심 어린 마음은 점점 입소문을 통해 퍼

져 나갔고, 마침내 영국 전역에 '플로렌스 나이팅게일'이라는 이름이 널리 알려졌어요.

 사람들은 그녀를 '램프를 든 천사'라고 불렀지요.

 그녀는 체력이 닿는 데까지 병사들을 위해 애썼어요. 때로는 눈도 뜨지 못한 채 침대에 쓰러질 때도 있었지요.

 가장 힘든 일은 자신을 반대하는 사람들과 함께 일하는 것이었어요.

 병원에서는 플로렌스를 못마땅해하는 의사들이 몇몇 있었어요. 그녀가 병원을 바꾸면 바꿀수록 자신들의 일이 늘어나는 것이 싫었던 거예요.

 "저 여자 때문에 귀찮아졌잖아!"

 "자기가 뭐라고 왜 이렇게 나서는 거지?"

 그들은 수군거리며 플로렌스를 힘들게 했어요.

 그럴 때마다 플로렌스는 조용히 눈을 감고 마음속

으로 기도하듯 말했어요.

'내가 해야 할 일은 환자 곁을 지키는 거야. 아무리 힘들어도 신이 나에게 맡긴 길이라고 믿어.'

그리고 다시 일어서서 램프를 들고 병사들 사이를 천천히 걸었지요.

그 모습은 마치 작은 기적이 병원을 스치듯 지나가는 순간 같았어요.

17 크림 열병의 악몽

스쿠타리에 있는 군 병원이 차츰 안정을 찾아가자, 플로렌스는 병원을 더 나은 곳으로 바꾸고 싶다는 마음이 커졌어요.

"병원은 단지 아픈 몸을 치료하는 곳이 아니에요. 마음까지 따뜻해져야 진짜 건강해질 수 있어요."

그녀는 병원 한쪽에 작은 독서실을 만들었어요.

병사들은 보고 싶던 책을 골라 읽으며 마음을 달랬어요.

"이 책은 내가 어릴 적에 읽었던 거야!"
"여기서 이런 책을 보다니… 정말 행복해."
플로렌스는 병사들을 위한 작은 학교도 열었고, 모두가 함께 노래할 수 있는 합창단도 만들었어요. 그리고 멀리 떨어진 가족에게 돈을 보낼 방법도 마련했지요.
이런 변화는 병사들의 말투와 표정까지 바꾸기 시작했어요.
"가족에게 돈을 보낼 수 있어 기뻐요."
"집에 돌아가면 더 좋은 사람이 될 거예요."
병원은 점점 밝은 분위기로 변해 갔고 병사들의 마음에도 희망이 싹트기 시작했어요.
그러던 어느 날 그녀는 새로운 결심을 했어요.
'이제 다른 병원도 직접 가서 보고 싶어.'
1855년 5월, 플로렌스는 다시 배를 타고 전쟁터가

있는 크림반도로 향했어요.

 그곳에 도착한 그녀를 병사들이 환한 얼굴로 맞으며 백합꽃을 한가득 안겨 주었어요.

 "좋아하시는 꽃이에요! 받아 주세요!"

 플로렌스가 꽃을 받자 모두 환호성을 지르며 반겨 주었어요.

 "나이팅게일 만세!"

 병원의 의사들 가운데는 여전히 플로렌스를 탐탁지 않게 여기는 사람도 있었어요.

 "물론 오신 건 반갑지만… 여왕님이 오셨다면 더 좋았을 텐데요."

 그 말에 기분이 상할 수도 있었지만, 플로렌스는 아무 말 없이 미소만 지었어요.

 그 병원 역시 지저분하고 시스템이 엉망이었어요.

 '도대체 어디서부터 손을 대야 할까? 주방부터 고

쳐야 할까…?'

그녀는 천천히 병원 안을 둘러보며 고민했어요.

그런데 마음도 몸도 지쳐 있던 플로렌스는 결국 쓰러지고 말았어요.

"큰일 났어! 나이팅게일이 쓰러졌대!"

그녀는 '크림 열병'이라 불리는 무서운 병에 걸렸어요. 며칠 동안 의식을 잃고 헛소리를 하며 위태로운 날을 보냈어요.

병사 중에는 눈물을 흘리는 사람도 있었어요.

"우리 나이팅게일이… 다시 일어날 수 있을까?"

그 소식은 곧 영국까지 전해졌고 가족들과 많은 사람들이 걱정했어요.

다행히 플로렌스는 기적처럼 목숨을 건졌어요. 하지만 몸은 너무 약해져 거의 말도 하지 못했고 식사도 조금밖에 하지 못했지요.

결국 그녀는 스쿠타리의 병원으로 돌아와 며칠 동안 조용히 휴식을 취했어요.

그때 멀리 영국에서 반가운 사람이 찾아왔어요.

"플로렌스, 몸은 좀 괜찮니?"

"어머? 여기까지 어떻게 오셨어요?"

아버지의 여동생 메리 고모였어요.

플로렌스는 고모를 껴안으며 눈물을 흘렸어요.

그녀는 그새 머리를 짧게 자르고 볼살이 쏙 빠진 모습이었지요.

메리 고모는 조용히 손을 잡아 주며 말했어요.

"이렇게 무리하다니… 네 몸도 소중히 여겨야지."

"괜찮아요, 고모. 금방 나아질 거예요."

고모는 플로렌스가 다시 회복할 수 있도록 도와주었어요.

"고모 덕분에… 다시 일어설 수 있을 것 같아요."

조금씩 기운을 되찾은 플로렌스는 또다시 크림반도의 병원으로 향했어요.

이번엔 더 튼튼한 마음으로 더 많은 사람을 도울 준비가 되어 있었어요.

18 그리운 고향으로

　밤마다 병사 곁을 지키며 손을 잡아 주던 한 여인의 이야기가 바다를 건너 영국 사람들의 마음속에 잔잔한 감동으로 번져 갔어요.
　신문과 잡지에도, 사람들이 나누는 이야기 속에도 항상 그녀의 이름이 나왔어요.
　그녀가 바로 플로렌스 나이팅게일이에요.
　그녀를 만나고 돌아온 병사들은 가족과 이웃에게 눈을 반짝이며 말했어요.

"아무 말 없이 내 손을 꼭 잡아 주었어요. 그 따뜻한 손길을 평생 잊을 수 없어요."

사람들은 그 이야기를 듣고 감동했어요.

"나이팅게일 씨에게 선물을 보내자!"

"간호사를 키우는 학교도 만들자!"

이곳저곳에서 기부금 모임이 열렸고, 훗날 그 돈은 간호사 학교를 세우는 데 큰 힘이 되었어요.

1856년 봄, 마침내 크림 전쟁이 끝났어요.

플로렌스는 병사가 한 명도 남지 않을 때까지 병원에 남아 환자들을 돌보았어요.

"자, 이제 정말 끝났구나… 집으로 돌아가자."

영국으로 돌아갈 때 그녀는 자신을 알아보지 못하게 하려고 '스미스'라는 가명을 사용했어요.

처음에는 메리 고모와 함께 출발했지만, 결국 혼자 조용히 귀국했어요.

마침내 그리운 영국에 들어섰어요.

기차 창밖으로 보이는 풍경은 평화로웠어요. 먼지 바람 가득한 전쟁터와는 전혀 다른 세상이었지요.

"다녀왔어요."

집 앞에 도착하자 가족들이 달려 나와 그녀를 꼭 안아 주었어요.

"정말 고생 많았어… 무사해서 다행이야."

"몸은 괜찮니?"

"조금 피곤하긴 해요. 곧 좋아지겠죠."

플로렌스는 어릴 때부터 사람들 앞에 나서는 것을 좋아하지 않았어요. 귀국한 뒤에도 집 안에서 조용한 생활을 이어 갔어요.

그해 가을, 빅토리아 여왕이 그녀를 궁전으로 초대했어요.

여왕은 따뜻한 눈빛으로 그녀를 맞이했어요.

"당신의 편지를 늘 읽었어요. 그곳이 얼마나 힘든 곳이었는지… 저는 압니다. 도대체 어떻게 그런 끔찍한 일이 벌어진 걸까요?"

플로렌스는 군 병원의 문제를 하나하나 차분히 설명했어요.

"병원 건물이 너무 약했어요. 그래서 병이 쉽게 퍼지기 시작했지요. 게다가 약이나 음식 같은 필요한 것들이 턱없이 모자랐어요. 청소도 제대로 되지 않아 곳곳이 지저분했지요."

그날 이후 플로렌스는 여러 차례 여왕을 만나 전쟁터에서 겪은 문제들을 자세히 전했어요.

"당신은 정말 일을 잘하는군요. 군대 안에도 당신 같은 분이 있었다면 얼마나 좋았을까요."

플로렌스는 '육군 보건에 관한 메모'를 작성했어요. 그 안에는 크림 전쟁에서 총이 아닌 병으로 목숨을 잃은 병사들의 이야기가 담겨 있었어요.

'병원은 지저분했고 음식에는 필요한 영양이 없었어요. 그 때문에 병에 걸리는 병사들이 많아졌고 많

은 이들이 끝내 살아남지 못했어요.'

플로렌스는 이 모든 자료를 도표와 그래프로 정리했어요. 사람들이 쉽게 이해할 수 있도록 수학과 통계를 이용한 것이었지요.

어릴 적 열심히 배웠던 수학이 여기서 큰 힘이 되었어요.

군대 안에서는 이 보고서를 달가워하지 않았어요.
"군대를 흉보는 글이잖아! 이런 건 퍼지면 안 돼!"
결국 그녀의 보고서는 널리 알려지지 못했어요.
플로렌스는 실망하며 한숨을 내쉬었어요.
'세상을 바꾸는 일은… 정말 어렵구나.'

그녀는 크림 열병 이후로 건강이 좋지 않았고, 보고서를 쓰느라 쌓인 피로까지 겹쳐 결국 또다시 쓰러지고 말았어요.

그 후로는 음식을 삼키기조차 힘들어져 홍차만 조

금씩 마시며 하루를 버텼어요.

"제발… 저를 혼자 있게 해 주세요."

플로렌스는 오랫동안 방에서 나오지 않고 혼자 지냈어요. 침대에 누운 채 편지를 쓰고, 책을 읽고, 보고서를 정리했지요.

비록 밖으로 나가진 않았지만, 그녀의 마음속에는 여전히 세상을 바꾸고 싶은 열망이 깊이 자리 잡고 있었어요.

19 병원과 간호 이야기

크림 전쟁이 끝난 뒤에도 플로렌스는 가만히 쉬고 있을 수 없었어요. 병원에서 보고 느낀 일들이 자꾸 떠올랐거든요.

'다시는 그런 병원이 생기지 않도록 해야 해.'

그녀는 다시 펜을 들었어요. 자신이 보고 배운 것을 많은 사람에게 알려 주기로 했지요.

그렇게 해서 1859년에 그녀는 무려 두 권의 책을 써냈어요.

하나는 《병원 노트》이고, 또 하나는 《간호를 위하여》라는 책이었어요.

《병원 노트》는 이런 말로 시작돼요.

'병원은 환자에게 해를 끼쳐서는 안 된다.'

스쿠타리에서 본 병원은 병을 고치는 곳이 아니라 오히려 병을 퍼뜨리는 무서운 곳이었어요.

그래서 플로렌스는 생각했어요.

'좋은 병원은 어떤 모습이어야 할까?'

그녀는 환자들이 숨쉬기 편하고 햇살이 잘 드는 깨끗하고 조용한 병원이 되려면 건물 자체부터 달라야 한다고 믿었어요.

"한 건물에 환자들을 다 모으면 병이 쉽게 퍼져요. 병동을 나누고 공기가 잘 통하도록 설계해야 해요."

플로렌스는 직접 병원 설계도를 그렸어요.

창문은 어디에 있어야 할지, 침대는 어떻게 놓아야

할지까지 자세하게 적어 놓았지요.

 사람들은 그녀가 만든 이 구조를 '나이팅게일 병동'이라 불렀고, 그 뒤로 여러 나라에서 이 병동을 따라 병원을 짓기 시작했어요.

 그리고 또 하나의 책인 《간호를 위하여》에서는 이

렇게 말했어요.

"간호는 단지 약을 주는 일이 아니에요. 환자가 '살고 싶다'고 느끼게 하는 일이에요."

햇빛이 잘 들도록 하고 방을 깨끗하게 정돈하며, 따뜻한 마음으로 식사를 챙기고 아픈 이의 눈을 바라보며 마음까지 살피는 것. 이 모든 것이 바로 '간호'라는 걸 알려 주었어요.

그녀의 이야기는 책 속에 담겨 세상의 수많은 병원과 간호사들에게 전해졌어요.

20 간호사의 길을 열다

 1860년, 플로렌스의 오랜 꿈이 드디어 이루어졌어요. 사람들이 전쟁 때 그녀를 돕고 싶다며 모은 기부금으로 '나이팅게일 간호학교'가 문을 열게 된 것이에요.
 '이제 내 손으로 간호사를 키울 수 있게 됐어. 얼마나 기다려 온 순간인지 몰라.'
 간호사가 되길 바라는 학생들은 학교 안에 마련된 기숙사에서 1년 동안 집중적으로 배웠어요.

환자를 돌보는 마음가짐과 병실을 깨끗이 관리하고 손을 바르게 씻는 법까지 꼼꼼히 익혔지요.

플로렌스는 학교가 자리를 잡게 되자 또 다른 일을 시작했어요. 이번에는 군 병원의 시스템을 고쳐 보기로 한 것이에요.

여전히 반대하는 사람이 많았지요.

그럴 때마다 늘 곁에서 힘이 되어 준 사람은 시드니 허버트였어요. 그는 예전처럼 변함없이 그녀를 도와주었지요.

그러나 허버트는 이 일을 하는 도중에 세상을 떠나고 말았어요.

"좀 더 곁에 있어 줬으면 좋았을 텐데…."

그녀는 한동안 큰 슬픔에서 빠져나오지 못했어요.

하지만 다시 마음을 다잡았어요.

"지금 멈추면 내가 바라는 세상은 오지 않아."

그녀는 더욱 열심히 간호사 교육에 힘을 쏟았어요.

졸업하는 제자들에게 일할 병원을 직접 소개해 주고, 일에 지친 간호사들을 집으로 불러 따뜻한 식사를 함께했어요.

"자, 마음껏 드세요. 힘을 내야죠!"

돌아가는 이들에게는 과자 선물도 빠지지 않았어요.

"정말 감사합니다!

다시 힘이 날 것 같아요."

 플로렌스의 제자들은 영국은 물론 독일, 프랑스 그리고 세계 여러 나라로 퍼져 나가 훌륭한 간호사가 되었어요. 그녀의 정신을 이어받은 간호학교도 여기저기 생겨났지요.

 플로렌스는 각국의 간호사들과 편지를 주고받으며 응원했어요.

"밤에 일한 날은 낮에 꼭 쉬세요."

"아이들 병실을 지날 때는 미소 지어 주세요."

"작은 일도 소중히 여기는 간호사가 되어 주세요."

그리고 그녀는 편지 끝마다 이렇게 덧붙였어요.

"제가 도울 일이 있다면 무엇이든 말씀해 주세요."

 그녀는 영국이 지배하던 인도 사람들을 돕는 일에도 힘을 보탰어요. 그리고 가난한 사람들이 머무는 '구빈원'을 더 좋은 곳으로 만들기 위해 애썼지요.

세월이 흐르며 그녀의 몸은 점점 약해졌어요.

 침대에 누워 있는 시간이 많아졌지만 편지와 글쓰기로 하루하루를 바쁘게 보냈어요.

 1907년에는 영국 왕실의 훈장을 받았고, 그다음 해에는 런던의 명예시민이 되었어요.

 그리고 1910년 아흔 살의 나이로 조용하고 평화롭게 눈을 감았어요.

 마치 깊은 잠에 빠져든 듯했지요.

 장례식 날에는 수많은 간호사들이 버스를 타고 모여들었어요.

 하얀 꽃다발을 들고 눈시울을 붉히며 말했지요.

 "나이팅게일 선생님, 정말 감사합니다."

 지금 우리가 아는 '간호사', 아픈 사람 곁을 지키고 생명을 돌보는 이 아름다운 직업은 바로 플로렌스가 만든 길 위에서 시작된 것이에요.

그녀는 살아 있을 때도 조용했고 죽은 뒤에도 자신을 드러내고 싶어 하지 않았어요.
 그래서 묘비에는 단 두 글자만 적혀 있어요.
 'F. N.'
 그 이름은 지금도 세상 곳곳에서 따뜻하게 불리고 있답니다. ♣

인물에 관하여

빛으로 세상을 바꾼 나이팅게일

저는 어린 시절에 나이팅게일의 전기를 읽고 깊은 감동을 받았어요. 전쟁터에서 다친 병사 곁을 지키며 정성껏 간호하던 그녀를 보며, '아, 정말 따뜻한 사람이구나'라고 생각했지요. 그 뒤로 저도 누군가에게 도움이 되는 사람이 되고 싶다는 마음을 품게 되었어요.

이제 어른이 된 저는 '생명의 소중함'을 아이들에게 전하고 싶어 어린이책을 쓰고 있어요. 아마 그때 읽었던 나이팅게일의 이야기가 제 마음속에 오래도록 남아 있었던 것 같아요.

　이번에 이 책을 쓰기 위해 나이팅게일에 대해 좀 더 깊이 조사해 보았어요. 그리고 나서 알게 된 사실들이 참 많았지요. 무엇보다도 그녀는 언제나 어려움 속에서도 꿋꿋하게 나아가고 있었어요.

　집에서는 어머니와 언니와 자주 부딪쳤고, 스쿠타리의 병원에서는 군대 사람들에게 무시당하거나 동료들에게 불평을 듣기도 했지요. 하지만 그럴 때마다 그녀는 포기하지 않았어요. '어떻게 하면 더 나아질까?'를 끊임없이 고민하며 묵묵히 길을 찾아 나갔어요.

　특히 수많은 병사의 사망 원인을 조사해 표로 정리하고, 그 자료를 바탕으로 군대 병원을 개선한 그녀의 모습은 정말 침착하고 멋졌어요. 숫자와 도표를 통해 사람들의 마음을 움직인 그 힘이 놀라웠지요.

　이 책은 나이팅게일의 삶을 따라가며 쓴 이야기예요.

　이 이야기가 여러분에게 '살아가는 힘'이 되어 주기를 진심으로 바라요.

더욱더 알고 싶은 나이팅게일 신문

'천사?' 아니면 '전사?'
최고의 순간! 나이팅게일 이야기

그녀의 별명은 '지휘관!?'

플로렌스 나이팅게일의 초상 사진

플로렌스 나이팅게일은 종종 '천사'라고 불리지만, 사실은 '전사' 같은 강인한 모습도 지니고 있었어요. 군대 안에서 병사들이 더 나은 대우를 받을 수 있도록 바꾸고 싶었던 그녀는 같은 뜻을 가진 사람들과 함께 행동에 나섰지요.

문제를 정확하게 파악하고 끈기 있게 조사한 내용을 정리해 사람들을 설득했던 나이팅게일. 그런 그녀를 동료들은 '지휘관'이라고 부르며 깊이 의지했어요.

정말 멋지고 강한 이름이지요!

비장의 무기 '원그래프!?'

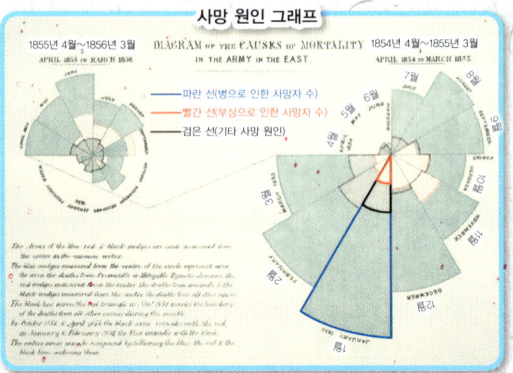

사망 원인 그래프

이 그림은 생김새 때문에 '닭의 볏'이라고도 불리는 원그래프의 일종이에요. 이 그래프는 나이팅게일이 직접 고안했다고 해요. 단순히 숫자를 나열하는 것이 아니라, 누구나 한눈에 알아볼 수 있도록 시각적으로 표현했지요. 수학에 강했던 나이팅게일다운 아이디어였어요!

이 그래프는 어느 기간 동안 병사들이 어떤 이유로 사망했는지를 보여 주고 있어요. 가운데에서 부채처럼 펼쳐진 부분은 각각의 달을 나타내고, 안에 색으로 표시된 부분은 사망 원인을 알려 줘요. 빨간색은 부상, 검은색은 기타 원인 그리고 나머지 큰 부분은 질병 때문이에요.

이 그래프를 보면 많은 병사가 부상으로 죽은 게 아니라 오랜 시간에 걸쳐 병으로 목숨을 잃었다는 것을 쉽게 알 수 있어요.

부엉이 '아테네'
애완 부엉이 아테네는, 그녀가 병사들을 간호하러 다닐 때마다 늘 조용히 곁을 지켰어요.

메리 고모의 이야기

그 아이와는 참 자주 수학 공부를 했었지.

아직 더 있다! 최강 놀라운 에피소드

전쟁터에서 나이팅게일을 도운 사람은 일류 셰프!?

프랑스에서 태어나 영국으로 건너간 알렉시스 소와이에의 초상화

어느 날 나이팅게일이 머무르던 스쿠타리의 병원에 유명한 셰프 알렉시스 소와이에가 찾아왔어요.
소와이에는 자신이 만든 이동식 오븐으로 따끈한 빵과 비스킷을 구워 병사들에게 주었어요. 또 한 번에 50인분의 홍차를 끓일 수 있는 커다란 주전자도 개발했지요. 그는 나이팅게일에게 아주 든든한 조력자가 되어 주었답니다!

든든해!

나이팅게일의 애완동물 부엉이?

영국에 있는 플로렌스 나이팅게일 박물관에는 그녀가 살아생전에 아끼던 부엉이 '아테네'의 박제가 전시되어 있어요.

그리스 여행 중 만난 작은 부엉이에게 '아테네'라는 이름을 지어 주었어요. 그 뒤로 주머니에 넣거나 어깨에 올려놓으며 항상 함께했지요. 언니 파세노프는 둘의 모습을 그림으로 남기기도 했어요.
아테네가 세상을 떠났을 때, 나이팅게일은 "내가 얼마나 좋아했는데…"라며 크게 오열했다고 전해져요.

병원에서의 활약으로 신문에 대서특필된 나이팅게일!

나이팅게일이 밤에 병사들을 살피러 순찰하는 모습을 상상해 그린 삽화

나이팅게일이 유명해지자 그녀를 칭송하는 노래와 시가 만들어지고 기념품까지 등장했어요. 그리고 그녀의 귀국을 환영하기 위해 화려한 음악대까지 동원되었지요.
하지만 주목받는 걸 꺼렸던 그녀는 사람들이 자신을 알아보지 못하도록 배를 탈 때 이름을 바꾸고 조용히 귀국했어요.

존경받는 간호사 나이팅게일

간호사의 꿈을 이룬 나이팅게일은 많은 사람들의 생명을 구했어요.

어린 시절 나이팅게일의 집

스쿠타리 병원

나이팅게일 박물관

나이팅게일 연표

연도	나이	내용
1820년	0세	이탈리아 피렌체에서 태어남.
1845년	25세	간호사가 되고 싶다고 했지만 가족의 반대를 받음.
1851년	31세	독일 카이저스베르트 학원에서 간호 교육 받음.
1853년	33세	런던 병원의 운영을 맡음.
1854년	34세	크림 전쟁 중 튀르키예 스쿠타리 병원으로 감.
1856년	36세	크림 전쟁이 끝나고 영국으로 돌아감.
1859년	39세	《병원 노트》, 《간호를 위하여》 출간.
1860년	40세	나이팅게일 간호 학교 설립.
1907년	87세	영국 국왕 에드워드 7세에게 훈장을 받음.
1910년	90세	영국에서 조용히 세상을 떠남.

올바른 독서 방법

올바른 독서 과정은 글을 읽기 전, 읽는 중, 읽은 후로 구분해요. 특히 책을 읽은 후에 하는 활동은 논리력과 표현력을 높이는 데에 반드시 필요하답니다.

독서 과정	독자의 역할
읽기 전	·제목이나 차례를 보고 내용 상상하기 ·표지와 본문의 글, 그림 등을 보며 내용 예측하기 ·공책에 궁금한 점 적기
읽는 중	·글의 내용이나 장면을 머릿속에 떠올리기 ·글 속에 숨어 있는 내용이나 글쓴이의 생각 파악하기 ·인상적인 표현과 중요한 내용에 밑줄을 긋거나 따로 표시하기 ·읽기 전에 궁금했던 내용 확인하기
읽은 후	·줄거리를 요약하고 주제 파악하기 ·글에 대한 자신의 생각 정리하기 ·등장인물이 되어 상상하기

더 생각해 보기

1 나이팅게일은 주변의 반대와 힘든 상황 속에서도 자신의 꿈을 포기하지 않았어요. 여러분도 누군가와 생각이 달라 속상했던 적이 있나요? 그때 어떤 마음이었는지 자신의 생각을 적어 보세요.

2 나이팅게일은 병사 한 사람, 한 사람의 아픔을 자기 일처럼 여기며 정성껏 간호했어요. 여러분도 누군가를 도와준 적이 있나요? 그 사람을 위해 무엇을 해 주었고, 어떤 마음이 들었는지 적어 보세요.

편지 쓰기

나이팅게일에게 편지를 써 보세요.

나이팅게일을 지지해 준 메리 고모에게도 편지를 써 보세요.

독서 기록장

도서명

지은이

등장인물

기억에 남는 장면

줄거리와 느낀 점

| 독서 기록장 | 등장인물 |

이름

모습을 그리세요.

어떤 사람인지 쓰세요.

이름

모습을 그리세요.

어떤 사람인지 쓰세요.

글 다카하시 우라라
도쿄에서 태어난 작가는 일본아동문예가협회 이사로 활동 중이며, '생명의 소중함'을 주제로 어린이 대상 논픽션을 집필하고 있습니다. 주요 저서로는 《왼손이 없어도 나는 지지 않아! – 캄보디아, 지뢰와 아이들》, 《산산과 우에노 동물원의 판다 이야기》 등이 있습니다.

그림 아사히카와 히요리
가가와현에서 태어난 일러스트레이터로, 주로 어린이책에 그림을 그리고 있습니다. 주요 작품으로는 《10세까지 읽고 싶은 세계 명작 제13권 비밀의 화원》, 《엘프와 레이븐의 신비한 모험》 시리즈 등이 있습니다.

감수 와즈미 요시코
나이팅게일연구학회 부회장입니다. 지바대학교 대학원 간호학연구과 박사 후기 과정을 수료하고, 간호학 박사 학위를 취득했습니다. 같은 대학 부속 간호실천연구지도센터 교수로 재직하며, 간호 고등교육 정책과 간호이론을 연구하고 있습니다.

감수 야마모토 토시에
나이팅게일연구학회 회장입니다. 지바대학교 대학원 간호학연구과에서 간호학 박사 학위를 취득했습니다. 같은 대학에서 이론간호학 교수로 재직하며, 간호이론과 간호기술론을 연구하고 있습니다.

번역 태오
일본어 아동 문학을 한국어로 옮기는 번역가입니다. 일본의 그림책과 동화, 교육 도서를 통해 아이들의 상상력과 감성을 키우는 데 힘쓰고 있습니다. 원문의 따뜻한 메시지와 섬세한 뉘앙스를 생생히 살려내는 번역으로 독자들에게 사랑받고 있습니다.

2025년 7월 10일 1판 1쇄 발행

글 **다카하시 우라라** | 그림 **아사히카와 히요리**
감수 **와즈미 요시코, 야마모토 토시에** | 번역 **태오**
펴낸이 **문제천** | 펴낸곳 **㈜은하수미디어**
편집진행 **문미라** | 편집 **김세영, 방기은** | 편집 지원 **도희**
디자인 **정수연, 김해은** | 디자인 지원 **김주아** | 제작책임 **문제천**
주소 서울시 송파구 송이로32길 18, 405 (문정동, 4층)
대표전화 **(02)449-2701** | 팩스 **(02)404-8768** | 편집부 **(02)3402-1386**
출판등록 **제22-590호**(2000. 7. 10.)
ⓒ 2025, Eunhasoo Media Publishing Co., Ltd.

Nightingale
ⓒU.Takahashi & H.Asahikawa 2018
First published in Japan 2018 by Gakken Plus Co., Ltd., Tokyo
Korean translation rights arranged with Gakken Inc.
Through JM Contents Agency Co.

이 책의 한국어판 저작권은 Gakken Inc. 와 JMCA 에이전시를 통해 독점 계약한 ㈜은하수미디어에 있습니다.
저작권법에 의해 한국 내에서 보호를 받는 저작물이므로 무단 전재 및 무단 복제를 금합니다.

주의! 종이가 날카로워 손을 베일 수 있으므로 주의하십시오.
파본은 구입처에서 교환해 드립니다. 사용 중 발생한 파손은 교환 대상에 해당되지 않습니다.

* 사진 출처 ⓒ wikimedia commons
* 책 속 부록(146~155쪽)은 한국 어린이들을 위해 ㈜은하수미디어에서 새로 쓴 내용입니다.